Margarita Borrero Blanco

Colombia

Un país adolescente

Lehrer-/Lösungsheft

Reihe «Temas básicos»

Schmetterling Verlag

Bibliografische Informationen der Deutschen Nationalbibliothek:
Die Deutsche Nationalbibliothek verzeichnet diese Publikation in der Deutschen Nationalbibliografie; detaillierte Daten sind im Internet über http://dnb.d-nb.de abrufbar.

Geeignet für den Einsatz an allgemeinbildenden Schulen.

Schmetterling Verlag GmbH
Libanonstr. 72 A
70184 Stuttgart
www.schmetterling-verlag.de

ISBN3-3-89657-945-2
1. Auflage 2019
Printed in Poland

Satz und Reproduktionen: Schmetterling Verlag
Druck: Sowa, Warszawa

Índice

Prólogo

En este libro están las respuestas a los ejercicios del libro *Colombia, un país adolescente*, así como una serie de propuestas adicionales de actividades que podrá desarrollar en clase. Los ejercicios y las respuestas presentadas pretenden ser sólo una guía para las actividades y discusiones que el docente o los estudiantes prepararán para el trabajo en el aula. Se han de ajustar a cada contexto educativo.

En este libro de respuestas también encontrará información complementaria o ampliada sobre algunos de los temas abordados en el libro. Así mismo encontrará enlaces que facilitarán la búsqueda de información.

1. Los pobladores desde la prehistoria hasta la actualidad

Arqueología

■ Léxico

Las palabras propuestas junto a su definición correcta.

a. asentamiento (5)	1. categoría de mamíferos, generalmente de pequeño porte
b. altiplano (4)	2. quien se dedica a la recolección de frutos
c. yacimiento (6)	3. periodo de mil años
d. recolector (2)	4. meseta elevada
e. milenio (3)	5. lugar donde se establece un grupo de individuos
f. roedor (1)	6. sitio en el que se encuentran restos arqueológicos

■ Comprensión del texto

1. a) Porque el mar estaba congelado.
   b) Fue un el período en el que la Tierra se cubrió de hielo en numerosos lugares.
   c) Herramientas de piedra y restos de caza que datan del 10000 al 7000 antes de nuestra era.
   d) Hombre del Tequendama.
2. a) Verdadero.
   b) Falso. Respuesta correcta: Existen indicios de poblaciones amazónicas prehistóricas.
   c) Falso. Respuesta correcta: En América abundaba la caza, la pesca y los frutos.
   d) Verdadero.

Etnias precolombinas – Los chibchas: taironas y muiscas – Otros pueblos aborígenes

■ Comprensión del texto

1. a) Los u'wa sistematizaron en sus mitos la regularidad de la migración de las <u>águilas</u>.
   b) Los principales líderes regionales eran el los principales líderes regionales, el <u>Zipa</u> de Bacatá y el <u>Zaque</u> de Hunza.
   c) Los taironas fueron <u>arquitectos</u> notables y dejaron obras que incluso hoy resultan sorprendentes.
2. a) Los muiscas.
   b) El arawac.
   c) Los caribe.
   d) Bacatá.

3. Ubica geográficamente las principales poblaciones precolombianas de taironas y muiscas con la ayuda de este enlace:
https://educacion.elpensante.com/nombre-de-las-3-familias-que-poblaron-colombia/

■ Lengua

El museo del Oro en Bogotá, único en su género, figura en la lista de los veinticinco más bellos del mundo. Tiene unas 34000 piezas y nos da una idea de la increíble riqueza de las culturas precolombinas. Está <u>dividido</u> en tres plantas, con descripciones en español e inglés. Hay muchos animales representados en figurillas de oro, como jaguares, ranas, águilas, colibríes y murciélagos.

Una de las curiosidades del museo son las figurillas <u>femeninas</u>, ya que demuestran la importancia de la mujer en la vida social de la comunidad Zenú, al norte del país.

Las exposiciones de la sala llamada Ofrendas, del tercer piso, explican cómo se usó el oro en los <u>rituales</u>. La más famosa es una miniatura de un barco de oro, llamada Balsa muisca. No está claro de qué <u>año</u> data porque al ser solo de oro, sin ningún otro material, es imposible fecharla mediante la <u>técnica</u> del radiocarbono.

Fin del mundo indígena y tribus sobrevivientes

■ Comprensión del texto

1. dispersar – concentrar
tradición – novedad
prohibir – permitir
selva – desierto
contactar – incomunicar
independiente – dependiente

2. a) Fueron exterminados.
b) En la Península de la Guajira.
3. a) Verdadero.
b) Falso. Respuesta correcta: Los chimilas viven en el Caribe, en los actuales departamentos de Magdalena y Cesar.
c) Verdadero.
d) Verdadero.
e) Falso. Respuesta correcta: Las enfermedades europeas diezmaron la población aborígen en menos de un siglo.

■ Redacción

Puedes obtener mayor información en este enlace:
- https://pueblosoriginarios.com/sur/caribe/muisca/muisca.html

■ Comentario

Puedes obtener mayor información en este enlace:
- https://www.eltiempo.com/justicia/servicios/derechos-de-los-pueblos-indigenas-en-colombia-101202

Amplía tus conocimientos

Personajes y leyendas indígenas

Las leyendas explicaban los grandes acontecimientos y fenómenos. La leyenda del origen del hombre decía que de la laguna de Iguaque, en Boyacá, salió una mujer llamada *Bachué* llevando en brazos un niño de tres años. Cuando fue mayor, Bachué lo recibió por esposo y del matrimonio nacieron los primeros hombres. Ya ancianos, regresaron a la laguna convertidos en dos grandes serpientes.

En la mitología muisca destacaba el dios del sol *(Sua)* y la diosa de la luna *(Chía)*, que eran esposos y padres de la gente. Un suntuoso templo en el actual pueblo de Chía, situado en el norte de Bogotá, era utilizado como adoratorio de la Luna y probablemente como observatorio astronómico. En su lugar hoy se encuentra el Parque Central de la ciudad.

La leyenda también cuenta que se produjo una inundación en la sabana de Bogotá y cuando los hombres estaban a punto de ahogarse, apareció Bochica, quien los salvó dándole salida a las aguas al formar el *Salto del Tequendama*. Desde entonces se convirtió en patrono de los muiscas. Según las tradiciones chibchas, Bochica fue un personaje que influyó en sus vidas porque impartió sabias enseñanzas e ilustró a los indios sobre la inmortalidad del alma y sobre los premios y castigos en una vida futura.

Los descendientes directos de aquellos muiscas viven actualmente en localidades del distrito de Bogotá como Suba y Bosa, y en municipios vecinos como Cota, Chía y Sesquilé.

Una parte importante de la población actual de la Cordillera Oriental de Colombia es resultado del mestizaje de los muiscas con otros pueblos, particularmente con los españoles. La lengua original de este pueblo fue el *muyskkubun*, que actualmente es una lengua muerta, pues el 16 de abril de 1770, mediante Real Cédula, el rey Carlos III de España prohibió el uso de lenguas indígenas en sus dominios, obrando en sentido contrario al rey Felipe II de España, que dos siglos antes ordenó que los misioneros aprendieran las lenguas locales de sus posesiones americanas para evangelizar con ellas sus dominios. En la actualidad existen proyectos para revitalizar esta y otras lenguas tradicionales.

El espectacular Salto del Tequendama, unos trece kilómetros al sur de Bogotá, al que se refiere la leyenda citada en el texto (Fotografía: Zeafra, Wikimedia Commons).

2. Geografía de Colombia

Geografía física – Clima – Idioma – Gobierno – Población – Ciudades principales – Economía – Geografía política

■ Comprensión del texto

1. a) Falso. Respuesta correcta: Colón jamás pisó tierra colombiana.
   b) Falso. Respuesta correcta: La biodiversidad no constituye una ventaja geográfica como punto de entrada al continente.
   c) Verdadero.
2. a) Falso. Respuesta correcta: La economía ha tenido altibajos, pero ha crecido desde la independencia.
   b) Falso. Respuesta correcta: Si bien hay una industria creciente, sigue siendo fundamentalmente agrícola.
   c) Verdadero.
   d) Falso. Respuesta correcta: El turismo ecológico apenas comienza a desarrollarse.
   e) Falso. Respuesta correcta: Es una de las más prósperas de los países del sur.
3. a) Verdadero.
   b) Verdadero.
   c) Verdadero.
   d) Verdadero.
   e) Falso. Respuesta correcta: Colombia no es líder mundial en variedad de mamíferos.
4. a) A que los aborígenes ya explotaban el oro y otros minerales.
   b) Es una democracia.
   c) A su variada orografía y a su ubicación en la franja tropical, cerca del Ecuador.

■ Lengua

El país es rico en minerales como plata, platino, cobre, zinc, níquel y carbón. La minería del oro ha estado presente desde tiempos prehispánicos. En la actualidad se realiza principalmente en el departamento de Antioquia y, en menor medida, en los departamentos de Cauca, Caldas, Nariño, Tolima y Chocó. Además, posee yacimientos de gas natural y de petróleo. Por otra parte, cabe destacar la explotación de carbón, y la producción y exportación de zafiros, diamantes y otras piedras preciosas.

■ Investigación

Enlace recomendado:

- https://www.colombia.co/pais-colombia/historia/por-que-se-dice-que-colombia-tiene-la-democracia-mas-antigua-de-america-latina/

Las regiones naturales colombianas: La región Andina – La región Amazonas – La región Caribe – La región Pacífica – La región de la Orinoquia – La región Insular

■ Comprensión de lectura

1. La zona andina es la más montañosa, la amazónica es la más selvática, la región caribeña está en la costa caribe, la orinoquia es la más oriental y la insular está compuesta por islas en el Caribe, como San Andrés y Providencia y en el Pacífico la de Malpelo.
2. A su variada geografía.

■ Análisis

1. La ventaja es que se ha mantenido en su estado natural. La desventaja, que no está tan desarrollado ni tiene el mismo nivel económico y educativo del resto del país.
2. La más poblada es la andina. La menos, la amazónica.

■ Investiga y analiza

Artículo recomendado: El pulmón del mundo, en el diario El País, de España. Ver este enlace:

- https://elpais.com/diario/1999/01/27/sociedad/917391603_850215.html

3. Historia desde la conquista hasta el siglo XVIII

Descubrimiento de América – Fundación de las primeras ciudades – Descubrimiento del Océano Pacífico

■ Comprensión del texto

1. La resistencia indígena y aventurarse en un mundo del que no conocían nada.
2. El imperio del Perú, de cuyas riquezas había oído hablar.
3. De 1492 a 1538, son 46 años.
4. El fraile que celebró la primera misa en Santa Fe de Bogotá.
5. Santa Marta.
6. Américo Vespucio.
7. Porque dejó claro que las tierras descubiertas eran un continente rodeado por dos océanos.
8. Los primeros poblados fueron destruidos. Iniciaron la búsqueda de El Dorado. Nuñez de Balboa descubrió el Pacífico. Tres conquistadores coincidieron en Santa Fe de Bogotá.

■ Producción creativa

Enlace recomendado:

- https://cvc.cervantes.es/lengua/hieronymus/pdf/03/03_061.pdf

■ Amplía tus conocimientos

El Requerimiento

El proceso de conquista de las tierras americanas por parte de los españoles fue brutal, aunque se hizo siguiendo el protocolo de la época, que era prácticamente igual en cualquier lugar del mundo conocido y lo hacían de ese modo todos los imperios o naciones en proceso de expansión.

Pese al carácter legal desde el punto de vista europeo, los propios españoles se cuestionaron la legitimidad de lo que estaban haciendo, especialmente desde un punto de vista teológico. Las primeras denuncias fueron hechas por el dominico Fray Antón de Montesinos, en la isla de Española (Santo Domingo), en 1511, y entre cuyos oyentes se encontraba Fray Bartolomé de las Casas, entonces un joven fraile.

Ellos iniciaron una corriente de opinión que llegó a la metrópoli y que amenazaba con la condenación eterna del monarca español, Fernando II de Aragón, el Rey Católico, por causa de las atrocidades que se cometían en las Indias en su nombre. Los derechos sobre las tierras descubiertas le habían sido concedidos al rey español por el papa Alejandro VI a través de las llamadas *bulas alejandrinas* de 1493, que repartían los respectivos territorios de influencia de España y Portugal a un lado y otro del Océano Atlántico. Aunque legalmente era incuestionable, el rey deseaba liberarse de la amenaza a la condena eterna y de las tesis que pusieran en entredicho sus derechos. Los teólogos de la corte española elaboraron entonces el llamado *Requerimiento.*

La base legal del requerimiento era que el Papa de Roma tenía pleno derecho a disponer de todos los bienes existentes en el mundo y a entregarlos a quien mejor le pareciera, incluso si eran territorios de no cristianos. La razón aducida consistía precisamente en cristianizarlos para que conocieran la fe «verdadera». Para ello los teólogos elaboraron un documento que debía leerse a los indios antes de entablar pleito o batalla con ellos. En la práctica, casi nunca había traductores en la tropa y los conceptos legales y teológicos resultaban incomprensibles para los indígenas, quienes no comprendían por qué un hombre a quien no habían visto nunca podía disponer de tierras y bienes que habían sido de los indígenas durante generaciones.

Como resultado de todo ello se terminó por representar una pantomima antes de cada combate o toma de una población. Con frecuencia los conquistadores leían el texto a los árboles, a los ríos o a kilómetros de una aldea antes de asaltarla.

Tal burla desató la indignación, entre otros, del Padre de las Casas, pero sus denuncias apenas si tuvieron efecto. Durante varias décadas, muchos contingentes militares españoles en las indias leían este texto, hubiera o no notarios y traductores, y luego procedían a leer el requerimiento en castellano a indígenas que no conocían esta lengua. Ese acto se representó muchas veces antes de emprender una acción bélica.

El texto literal del *Requerimiento* es el siguiente:

De parte del muy alto y muy poderoso y muy católico defensor de la iglesia, siempre vencedor y nunca vencido el gran Rey don Fernando V de España de las dos Sicilias, de Jerusalén, de las Islas y tierras firmes del Mar Océano, etc. tomador de las gentes bárbaras, de la muy alta y poderosa Sra. la Reina Doña Juana, su muy cálida y amada hija, nuestros señores, yo ( ) su criado, mensajero y capitán, los notifico y les hago saber como mejor puedo:

Que Dios nuestro señor único y eterno, creó el cielo y la tierra, un hombre y una mujer de quienes nosotros y vosotros fueron y son descendientes y procreados y todos los de después de nosotros vinieron, más la muchedumbre de la generación y de esto ha sucedido de cinco mil y más años que el mundo fue creado, fue necesario que unos hombres fuesen de una parte y otros fuesen por otra y se dividiesen por muchos reinos y provincias de que una sola no se podrían sostener ni conservar.

Uno de los pontífices pasados que en lugar de este mundo, hizo donación de estas Islas y tierras firmes del Mar Océano, a los ricos Rey y Reinas y a los sucesores en estos reinos, con todo lo que en ellas hay según se contienen en ciertas escrituras que sobre ellos basaron, así que sus Altezas son Reyes y Sres. de estas Islas y tierras firmes, por virtud de dicha donación y como a tales Reyes y Sres. algunas Islas más y casi todas a quienes esto ha sido modificado has recibido a sus altezas y les han obedecido y servido y sirven como súbditos lo deben hacer, con buena voluntad y sin ninguna resistencia, luego de su inclinación como fueron informado de lo susodicho, obedecieron y recibieron a los valores religiosos que sus Altezas profesaban para que les predicasen y enseñasen la Santa fe, y todos ellos de su humilde y agradable voluntad sin apremio ni condición alguna se hicieron cristianos y lo son, sus Altezas los recibieron alegres y así los mandó tratar como a los otros súbditos y vasallos, los otros son pedidos y obligados a hacer lo contrario.

Por ende, como mejor puedo os ruego y requiero que entendáis bien lo que he dicho, y toméis para entenderlo y deliberar sobre ello el tiempo que fuere justo y reconozcáis a la Iglesia por Señora y Superiora del universo mundo y al sumo pontífice llamado Papa en su nombre y al Rey y la Reina nuestros señores en su lugar como Superiores y Señores y Reyes de esta isla y tierra firme por virtud de la dicha donación y consintáis en ese lugar a que estos padres religiosos lo declaren los susodichos.

Si así lo hicieres te ha de ir bien y aquello a que estás obligado, y sus altezas en su nombre los recibirán con todo amor y caridad, los dejarán vuestras mujeres hijos y haciendas libres, sin servidumbre, para que de ellas y nosotros hagáis libremente lo que quisieres y por bien tuvieres y no os compelerán a que tornéis cristianos, salvo si vosotros informados de la verdad quisieres convertir a la religión católica como lo han hecho casi todos los vecinos de estas islas y además de esto su Alteza dará muchos privilegios y exenciones que gozarán muchas veces.

Si no lo hicieres o en ello dilación maliciosamente pusieres, os certifico que con la ayuda de Dios entraré poderosamente contra vosotros y os haré guerra por todas las partes y maneras que tuviere y sujetaré al yugo y obediencias de la iglesia y de sus Altezas y tomaré vuestras personas y las de vuestras mujeres e hijos y los haré esclavos y como tales los venderé y dispondré de ellos como su Alteza mandare, y os tomaré vuestros bienes, y os haré todos los males y daños que pudiere como a vasallos que no obedecen y que no quieren recibir a sus señor y le resisten y contradicen y protesto de los muertes y daños que de ellos se registraren serán a culpa vuestra y no de sus Altezas ni mía, ni de estos caballeros que conmigo vinieron y de como lo digo, requiero, pido al presente Escribano que me lo de como testimonio firmado y a los presentes ruego que de ello sean testigo.

El periodo colonial – Los criollos

Comprensión del texto

1. Es el dominio político por parte de los españoles en América entre 1550 y 1898.
2. La violencia de los colonizadores, el desánimo vital indígena debido a la destrucción de sus comunidades y la explotación laboral a la que se vieron sometidos y, por último, las epidemias.
3. Los hijos de los españoles nacidos en América.

Análisis

1. Españoles, criollos, mestizos, indios, africanos.
2. Significa que debido a la mortandad indígena y la necesidad de mano de obra, los europeos llevaron esclavos africanos a los sitios de América donde hacían falta trabajadores gratuitos.

Lengua

«La sorpresa y el estupor contribuyeron a la derrota de los indígenas, pues los colonizadores utilizaron contra ellos elementos que no conocían, como las armas de fuego, los caballos y los perros. Inicialmente los indios creyeron que el caballo y el europeo formaban una sola criatura, de ahí su incredulidad cuando lo veían descomponerse en dos. También sintieron terror ante los perros entrenados que los españoles utilizaban para dominarlos, pues era un animal que prácticamente no se conocía en América. Por último, armas como escopetas, mosquetes y arcabuces fueron vistos por los indígenas como elementos diabólicos por el estruendo que producían y por la velocidad con que disparaban su proyectil mortal. Los consideraban rayos divinos que obedecían al mandato de los hijos del Sol o dioses conquistadores.»

Investiga

Enlace recomendado:

- https://www.bbc.com/mundo/noticias/2015/10/151001_reparacion_por_esclavitud_debate_europa_vp

■ Amplía tus conocimientos

El sitio de Cartagena de Indias (1741)

El Castillo de San Felipe de Barajas, en Cartagena de Indias, con el monumento a Blas de Lezo en primer plano (Fotografía: Martin St-Amant, Wikimedia Commons).

Desde principios del siglo XVIII el poder español en América se vio debilitado, en parte, como consecuencia de la larga Guerra de sucesión española (1701–1713).

Hubo cambio de dinastía, de la casa de Austria de los Habsburgo a los Borbones de Francia, además del final de la preponderancia española en el tablero europeo. También se debilitó el gobierno en las colonias, que ya no podían ser defendidas adecuadamente; la mayor parte de los recursos se invertían en la guerra que se libraba en Europa occidental y central.

Inglaterra deseaba aumentar su poder comercial y colonial en América, tanto en el Caribe como en Suramérica. Para lograrlo hostigaba constantemente el poder español por todos los medios a su alcance: la diplomacia, la piratería y las expediciones militares.

En 1739 el Almirante inglés Edward Vernon tomó Portobelo, en la actual Panamá, para cortar comunicaciones por tierra entre los virreinatos españoles de Nueva España y Nueva Granada. La operación pretendía romper la espina dorsal del poder militar y comercial. Si hubieran logrado cortar las comunicaciones marítimas con la metrópoli (entonces las únicas) habrían podido consolidar y Amplíar sus bases coloniales y su comercio con Suramérica, siempre monopolizado por los españoles.

Tras tomar Portobelo, en 1740, Vernon se dirigió dos veces a Cartagena de Indias con pequeñas flotillas para desvelar la calidad de las defensas españolas. Fueron intentos burlados por los defensores, que se negaron a revelar sus posiciones por orden de su comandante, el Almirante Blas de Lezo. Pero en la tercera ocasión, el 13 de marzo de 1741, Vernon se presentó ante la principal base militar española en América al mando de una imponente flota, una de las mayores del mundo en aquel tiempo, y puso sitio a la ciudad.

Blas de Lezo era un legendario marino español, conocido popularmente como *«El mediohombre»*, pues le faltaban una pierna, un ojo y tenía un antebrazo paralizado, consecuencia de sucesivas heridas en campaña recibidas desde su juventud. Se enroló en la Armada española con doce años y a los veintiséis, medio mutilado, ya había alcanzado el grado de Capitán de

Fragata. Su hoja de servicios y éxitos a lo largo de medio mundo era digna de leyenda. Era sexagenario cuando Vernon atacó Cartagena.

Blas de Lezo contaba apenas con seis barcos para defender la plaza, además de los poderosos fuertes que dominaban la ciudad y la bahía. En total su tropa era de solo unos 3600 efectivos. Sin embargo, existía un factor diferencial a su favor: siempre fue un militar valeroso, audaz y competente, además de adorado y admirado por sus hombres. Sabía sacar grandes ventajas con mínimos recursos gracias a que era en extremo ingenioso a nivel táctico. Eso ya lo había probado saliendo victorioso de numerosos enfrentamientos acometidos en condiciones de inferioridad.

Vernon, en contraste, contaba con 186 navíos, 2600 cañones a bordo y 27000 hombres. Cuando se hizo realmente consciente de su enorme superioridad numérica, se permitió despachar un correo a Londres anunciando de forma prematura su victoria. Inició un largo cañoneo de la ciudad antes de mandar sus fuerzas al ataque.

Uno a uno, fue tomando los fuertes defensivos y, ante el último, el Castillo de San Felipe de Barajas, apenas guarnecido ya por 600 defensores, lanzó un gran cañoneo que apenas sirvió de nada. Decidió entonces mandar parte de sus tropas, rodeando la bahía y atravesando la selva, para atacar por el lado contrario. Eso produjo una enorme mortandad entre sus soldados ingleses, que cayeron debido a las enfermedades tropicales, malaria y disentería. En cambio las tropas españolas apenas sufrieron bajas.

Para el ataque final a San Felipe, la agotada tropa inglesa trasportó a hombros la artillería, un movimiento que Lezo había anticipado, así que mandó excavar a toda velocidad y de noche un foso ante las murallas. Eso hizo que la altura de las escalas acarreadas por los ingleses resultara muy corta. Las tropas que habían logrado llegar penosamente hasta la base de los muros, soportando graves pérdidas ante las despejadas explanadas, quedaron completamente expuestas al fuego defensivo.

Descubierta su intención, fueron barridos por el fuego de artillería española. Los hombres de Blas de Lezo no solo lograron dispersar las fuerzas inglesas, sino que se apropiaron de la artillería que sus enemigos habían acarreado con tanto esfuerzo. Las bajas de los atacantes fueron enormes, se estiman en cerca de 5000 muertos. Debido al hostigamiento, también hubo 7000 heridos y enfermos.

Vernon ordenó a sus tropas que regresaran a los barcos y continuó un mes cañoneando la ciudad. Sin embargo, su falta de víveres y de bases donde poder recomponer sus fuerzas llevó a que se viera obligado a regresar, incendiando previamente sus numerosos navíos averiados o incapaces de maniobrar por falta de personal. De esta forma la corona española cosechó uno de sus mayores éxitos militares de la época.

Mientras tanto, en Inglaterra, recibido el falso aviso de victoria de Vernon, se acuñaron monedas y se produjeron enormes festejos. Tras otra campaña en el Caribe, también inútil, Vernon, a su regreso al país, hubo de admitir la falsedad de su mensaje y el bochorno fue de tales dimensiones que el rey Jorge II decidió prohibir a sus historiadores escribir sobre el asunto.

Los resultados de la batalla tuvieron una enorme trascendencia. El imperio español, como consecuencia de esta victoria, logró alargar su presencia colonial setenta años. Si en el ataque de Vernon hubiera perdido a Cartagena, buena parte de su poder americano seguramente habría caído como un castillo de naipes.

Para Inglaterra el resultado fue catastrófico, pues no volvió a contar con la suficiente fuerza militar *in situ* para enfrentar la posterior rebelión de sus colonias norteamericanas, es decir, esa derrota facilitó la independencia de los Estados Unidos. Tampoco pudo impedir que franceses y españoles prestaran ayuda a los sublevados en el mar Caribe. A la postre, todo ello fue decisivo para la causa independentista.

Blas de Lezo murió en septiembre de 1741 como consecuencia de las heridas recibidas por la explosión de una granada en su nave capitana, el *Galicia*, durante la batalla. Además, tuvo graves y prolongadas discusiones con su superior, el Virrey Estrada, respecto al mejor modo de defender la plaza. Estrada terminó por informar negativamente de él a la corona, a pesar de la extraordinaria victoria, y el rey español decidió destituirlo del mando. Sin embargo, de Lezo murió antes de que le llegara la noticia del castigo.

En 1760, una vez bien establecida la realidad de los hechos, el rey Carlos III, a modo de desagravio, nombró al hijo de Lezo Marqués de Oviedo, reconociendo de esta forma los méritos que Felipe V le había negado a su padre y dándole ese título que había solicitado.

Hoy en día Blas de Lezo es considerado como uno de los más grandes marinos militares de la historia de España y cuenta con el mayor reconocimiento al que pueda aspirar un marino. Hay un navío de guerra con su nombre, pues desde finales del siglo XIX sucesivos buques *Almirante Blas de Lezo* han figurado en la dotación de la Armada Española. Numerosos monumentos al personaje se encuentran hoy en varios lugares de España. Destaca el que le ha erigido Colombia frente al Castillo de San Felipe de Barajas, en Cartagena de Indias, una fortaleza que es *Patrimonio de la Humanidad de la UNESCO*.

Puedes ampliar conocimientos sobre el tema en:
- https://es.wikipedia.org/wiki/Sitio_de_Cartagena_de_Indias_(1741)
- https://es.wikipedia.org/wiki/Blas_de_Lezo
- https://es.wikipedia.org/wiki/Edward_Vernon
- https://es.wikipedia.org/wiki/Guerra_del_Asiento

El clima antiespañol tras las medidas borbónicas en el siglo XVIII – La revolución de los comuneros

■ Comprensión de texto

1. La guerra entre España e Inglaterra permitió cierta libertad económica y de gobierno en la Nueva Granada.
2. El virrey y el grueso del ejército se encontraban en Cartagena defendiendo la ciudad de los ataques británicos.
3. La de Tupac Amaru en Perú.

■ Lengua

En 1989, casi dos siglos después de la insurrección comunera, uno de los descendientes de José Antonio Galán se postuló a la presidencia. Se llamaba Luis Carlos Galán y a finales de los ochenta se convirtió en uno de los principales enemigos del narcotráfico. Siendo el candidato con más opciones de ganar en las elecciones de 1990, fue llevado al populoso municipio de Soacha en un destartalado camión para dar uno de sus mítines políticos. Entre la multitud que lo aclamaba, de unas 20000 personas, estaba el sicario que lo mataría sosteniendo una pancarta. Nadie reparó en él. El magnicidio fue grabado por las cámaras y las imágenes se emitieron en los noticieros de todo el mundo. La muerte de Galán conmocionó al país y se convirtió en uno de los episodios más oscuros y dolorosos de la historia reciente.

Primeros estudios científicos en la Nueva Granada – Alexander von Humboldt y el sabio José Celestino Mutis – La expedición botánica

■ Investigación

Enlace recomendado:

- https://www.revistaarcadia.com/libros/articulo/humboldt-en-la-nueva-granadareconstruyendo-sus-pasos/70792

■ Comprensión del texto

1. Zeitgeist.
2. Porque las guerras españolas de los períodos revolucionario y napoleónico franceses hacían imposible que surtieran los productos que se necesitaban en América, así que otorgaron muy a menudo licencias comerciales en la época final de la Colonia.
3. Aspiraba a clasificar todas las especies botánicas de la franja suramericana situada al norte de la línea ecuatorial.
4. Ambos eran sabios naturalistas. Los dos eran europeos interesados en los tesoros naturales del nuevo mundo.

Antonio Nariño y Camilo Torres – Camilo Torres y el Memorial de agravios – Crisis de la monarquía española

■ Lengua

1. Antonio Nariño tradujo la *Declaración de los derechos del hombre*, aunque nunca imaginó las consecuencias.
2. la *Declaración de los derechos del hombre* fue tan importante como *El memorial de agravios* en la ideología independentista.
3. El sistema de gobierno colonial comenzó a resquebrajarse porque todas las provincias querían independizarse, incluso de su capital.
4. Si no hubiera habido guerras napoleónicas, España habría estado en condiciones de reprimir con mayor dureza los movimientos independentistas.

■ Comprensión del texto

1. Debido a que España estaba inmersa en su crisis monárquica y la comunicación con sus colonias era difícil, en América fueron libres de autogobernarse. Eso les dio la confianza necesaria para independizarse.
2. El ser discriminados para no poder ejercer cargos de importancia.
3. Exilio y prisión.
4. Camilo Torres.
5. En 1811, al tratar de obligar a Mompox a regresar al dominio de Cartagena, las fuerzas de la capital de provincia causaron el primer derramamiento de sangre en combate civil.

■ Interpretación

Las colonias habían sido explotadas durante más de tres siglos y finalmente estaban maduras para declararse independientes.

■ Lengua

1. Es evidente que las colonias estaban listas para independizarse.
2. No es verdad que Nariño hubiera previsto las consecuencias de su traducción.
3. La crisis de la monarquía española fue una de las causas que propiciaron los movimientos independentistas.
4. No todos los criollos estaban de acuerdo con la independencia. Algunos creían que su identidad y su futuro estaban ligados a España.

Amplía tus conocimientos

Bolívar y Miranda

Retrato de Francisco de Miranda
(Fotografía: Rostros y Personajes de Venezuela, El Nacional, 2002. Wikimedia Commons).

Sebastián Francisco de Miranda y Rodríguez Espinosa (1750–1816), nacido en Venezuela, cripto-judío y masón, resultó uno de los hijos más extraordinarios del Siglo de las luces. Políglota, polígrafo, traductor de latín y griego, político y creador del proyecto de la Gran Colombia, militar, intelectual y gran viajero.

Conoció Estados Unidos, prácticamente toda Europa y Oriente Medio, luchó en África junto a los españoles, participó en la Guerra de Independencia americana en la batalla de Pensacola y en la Revolución Francesa, en la que le fue otorgado el título de Héroe de la Revolución después de que participara como mano derecha de Dumoriez en Valmy, la batalla que consolidó la Revolución francesa, es decir, el devenir del mundo moderno. También participo en la génesis de los movimientos revolucionarios para la independencia de la América española.

Conoció a casi todos los grandes personajes de su época: George Washington, Thomas Jefferson, Catalina la Grande de Rusia, Simón Bolívar y Napoleón Bonaparte. Su lista de títulos es impresionante: Teniente General, Generalísimo y Dictador Plenipotenciario y Jefe Supremo de los Estados de Venezuela, Mariscal de Francia, Capitán y Coronel de España, Coronel de los Estados Unidos de América y de Rusia y embajador, apodado como «El gran americano universal». Tras una vida de leyenda murió en prisión en España, después de haber contribuido a la pérdida de su imperio colonial.

Su ideal era el mismo que Bolívar, pero el camino que contemplaban para alcanzarlo era muy distinto: Miranda creyó siempre que la libertad de su tierra sería fruto de alianzas internacionales, de acuerdos entre grandes potencias y resultado de complejas tensiones políticas. Bolívar en cambio, tenía poco más de veinte años cuando regresó a Venezuela convencido de que la lucha interna de los países y la personalidad de sus líderes serían fundamentales en el proceso de independencia.

Los dos hombres se habían conocido en Londres después del primer movimiento independentista de 1810, ciudad a la que Bolívar había viajado en calidad de embajador para obtener el reconocimiento del gobierno británico. La relación de los dos venezolanos no podía ser más dispar: Miranda era un pensador, militar y político de sesenta años, veterano de todas las guerras, amigo de los grandes hombres de su tiempo, habituado a moverse por el mundo. Bolívar era un soñador joven y rico, inexperto, pero lleno de ideas, impaciente por entrar en acción. Miranda estaba hecho a la medida de los debates de la asamblea, de las legiones imperiales y de las polémicas parlamentarias. Bolívar era hijo de la aristocracia venezolana, pero tenía una conciencia mestiza y creció entre llaneros, lo que aumentó su apego a la tierra.

La simbiosis de sus esfuerzos dio resultados, aun a pesar del enfrentamiento final entre ambos. Miranda fue el primero en soñar y tratar de estructurar el proyecto de la independencia y de la Gran Colombia, un ideal al que Bolívar se adhirió y llegó a ver hecho una realidad, aunque al final resultó ser un sueño efímero.

Puedes ampliar datos sobre Francisco Miranda en:

- https://es.wikipedia.org/wiki/Francisco_de_Miranda
- https://www.biografiasyvidas.com/biografia/m/miranda.htm

4. La Independencia

La patria boba (1810–1816)

■ Lengua

- el colapso → colapsar
- la liberación → liberar
- el combate → rebatir
- las decisiones → decidir
- el derramamiento → derramar
- la división → dividir
- la declaración → declarar
- la caracterización → caracterizar
- el sometimiento → someter

■ Gramática

1. Los patriotas ya se habían levantado en armas cuando los colonizadores se dieron cuenta y no pudieron detener el grito de independencia.
2. La primera guerra civil parecía haberse calmado, cuando iniciaron nuevos enfrentamientos.
3. Cuando los santafereños proclamaron su independencia, ya Cartagena había proclamado la suya.
4. Para cuando Llorente quiso cambiar de opinión sobre el préstamo del florero, ya había estallado el movimiento independentista.
5. Cuando los santafereños se emanciparon, Antonio Nariño ya había madurado la idea de la independencia.

El régimen del terror – La reconquista del Virreinato

■ Comprensión del texto

1. A la reconquista forzada de las colonias que se habían emancipado de España.
2. Someter de nuevo las colonias americanas.
3. Santa Marta.
4. Porque resistieron el hambre y el asedio más allá de lo humanamente soportable, lo que costó una alta mortandad entre ellos.

■ Lengua

1. Pablo Morillo recibió la orden de reconquistar las colonias.
2. Los habitantes de Nueva Granada no resistieron el ataque de las tropas españolas
3. Las colonias disfrutaron apenas seis años de libertad antes de la reconquista.
4. Los soldados cartageneros aguantaron aferrados a sus armas hasta que murieron.

La Campaña Libertadora de 1819

■ Comprensión del texto

1. Falso. Respuesta correcta: Las tropas patriotas vencieron en la batalla del pantano de Vargas.
2. Falso. Respuesta correcta: El ejército de Simón Bolívar constaba de poco menos de dos mil hombres.
3. Verdadero.
4. Falso. Respuesta correcta: Las tropas de Bolívar no tuvieron ningún papel en la liberación de los países centroamericanos.
5. Verdadero.
6. Verdadero.
7. Falso. Respuesta correcta: El tránsito del ejercito libertador por el páramo de Pisba fue tan difícil que incluso hoy es considerada una de las mayores hazañas militares de todos los tiempos.

■ Interpretación

1. Haití e Inglaterra.
2. En 1810 los criollos aprovecharon la crisis española para independizarse y no encontraron grandes resistencias porque los ejércitos realistas estaban ocupados en la guerra contra Napoleón. Fue más difícil liberarse de ellos nueve años después, ya que el rey Fernando VII envió sus mejores tropas a someter a las antiguas colonias.

Simón Bolívar, el Libertador – La forja de un héroe – Entre Europa y América

■ Comprensión del texto

1. Porque Humboldt ayudó a que Bolívar viera su país con los ojos de la Ilustración y a que calara en él la idea de que las colonias estaban listas para independizarse.
2. Toda gran revolución tiene sus propios héroes que se gestan dentro de ellas.
3. El retrato de Bolívar transmite paz. Se ve a un hombre sereno, tranquilo, diríase que es un gran terrateniente. No coincide con el espíritu inquieto, osado y brillante del hombre que liberó cinco naciones.
4. La Ilustración destacaba el valor de la naturaleza. Ninguna región del mundo ofrecía tantos tesoros naturales inexplorados en ese momento como América.

■ Lengua

El hombre que <u>cruzó</u> en guerra los páramos de los Andes y que siguiendo los pasos de Humboldt, <u>escaló</u> el Chimborazo, y que <u>atravesó</u> a lomo de su cabalgadura un continente mucho más vasto y difícil que Europa, no <u>dejó</u> de evocar la proeza realizada por el militar cartaginés Aníbal, en el año 247 a.C., una de las más osadas y resolutivas de la Antigüedad.

La Gran Colombia (1819–1830) – Liberación de Ecuador y Perú y su adhesión a la Gran Colombia

■ Análisis

Colombia y Venezuela se unieron para combatir a las tropas invasoras. Luego se separaron porque cada país tenía una idea distinta del tipo de gobierno que deseaba.

■ Comprensión del texto

1. a) Colombia, Venezuela, Perú, Ecuador y Bolivia.
   b) Expulsar las tropas realistas de Ecuador y de Perú.
   c) José de San Martín.
2. a) Verdadero.
   b) Falso. Respuesta correcta: Las naciones recién independizadas votaron a favor de la abolición de la esclavitud.
   c) Falso. Respuesta correcta: Simón Bolívar fue el primer presidente de la Nueva Granada.
   d) Verdadero.

■ Interpretación

En la Nueva Granada y Venezuela la unión era un hecho por la manera como ambas partes colaboraron en la lucha militar por la independencia. Antes habían sido gobernaciones separadas: La Nueva Granada era capital del virreinato y Venezuela una capitanía. La lucha conjunta, sin embargo, hizo desaparecer esas distinciones de rango.

5. Guerra, política y otros demonios nacionales (de 1899 a la actualidad)

La Guerra de los mil días – La pérdida de Panamá

■ Comprensión del texto

1. Se estaba recuperando de la guerra civil y Estados Unidos le dio su apoyo para que se independizara porque quería construir un canal interoceánico.
2. Porque estaba arrasado tras la reciente Guerra de los mil días y tenía muchas deudas.

■ Comentario

Lectura adicional recomendada:

- https://www.eltiempo.com/archivo/documento/CMS-14687151

La masacre de las bananeras

■ Investiga y escribe

1. Lectura adicional recomendada:
   - https://www.eltiempo.com/archivo/documento/CMS-14519476
3. Lectura adicional recomendada:
   - http://www.banrepcultural.org/biblioteca-virtual/credencial-historia/numero-258/la-industria-bananera-y-el-inicio-de-los-conflictos-sociales-siglo-xx

■ Lengua

cortar – remendar
subir – bajar
dañar – arreglar
enloquecer – tener cordura (estar cuerdo)
partir – llegar
vender – comprar
trabajar – descansar

El Bogotazo, la dictadura y el frente nacional – El 9 de abril de 1948 – El caudillo del pueblo

■ Comprensión del texto

1. El candidato liberal que más opciones tenía de ganar la presidencia en 1950.
2. Al periodo en el que el gobierno conservador monopolizó el poder.

■ Análisis

1. La postura del gobierno contra los trabajadores colombianos en la masacre y la discriminación contra los liberales.
2. Monopolizar el poder.

■ Lengua

1. Jorge Eliécer Gaitán luchaba por una sociedad en la que todos <u>tuvieran</u> las mismas oportunidades, que su voz y voto <u>contaran</u>, una sociedad en la que no <u>hubiera</u> discriminación. Es uno de los principios de la democracia y hoy en día se <u>sabe</u> que si no se respetan esas garantías, el resultado es la violencia, especialmente en una sociedad que <u>tiene</u> tantos resentimientos acumulados a lo largo de los siglos.
   Aunque <u>sea</u> difícil, la sociedad colombiana <u>sabe</u> que solo si trabajan juntos podrán conseguirlo y que no es posible la paz si <u>hay</u> exclusión. Siempre hay que respetar las opiniones de otros, pues solo con educación y tolerancia se <u>puede</u> construir una sociedad justa, plural y equitativa.

Puedes ampliar conocimientos sobre el Bogotazo y Jorge Eliécer Gaitán en los siguientes enlaces:

- https://www.youtube.com/watch?v=DnAxNrcZiMk
- https://www.youtube.com/watch?v=pZtTzLAHEr0
- https://www.youtube.com/watch?v=diyY2VMNZRQ

La dictadura de Rojas Pinilla – El frente nacional y la formación de guerrillas

■ Comprensión del texto

1. Que inicialmente puso orden, pero luego generó gran malestar debido a la represión.
2. La falta de justicia e igualdad.
3. Fue un pacto entre liberales y conservadores para gobernar el país de forma alternada. Duró dieciséis años.

■ Interpretación

Pasó de criticar la hegemonía conservadora por acaparar el poder, a compartir el poder de forma restringida con los que habían sido sus tradicionales enemigos.
De criticar la política excluyente, pasó a excluir.

■ Lengua

1. El partido liberal <u>luchó</u> más de un siglo por hacerse un hueco en el poder.
2. La fórmula de la violencia consiste en <u>excluir</u> las nuevas corrientes políticas.
3. Si has <u>leído</u> historia de Colombia, sabrás que es una nación que no se da por vencida y que lucha por ser más incluyente.
4. La dictadura de Rojas Pinilla <u>censuró y reprimió</u>, aunque inicialmente fue una solución al caos que reinaba en el país.

Narcotráfico – La vida después de Pablo Escobar – Algunas cifras actuales del negocio de la droga

■ Amplía tus conocimientos

Colombia tiene muy mala prensa debido al problema del narcotráfico, pero el país es el que más muertos ha puesto en la lucha contra ese flagelo. Para entender mejor qué significó Pablo Escobar y los carteles de la mafia, lee este artículo del periodista Armando Neira, escrito con motivo de los veinticinco años de la muerte del capo. Neira es experto en el tema de la violencia, cronista galardonado con múltiples premios, como el Simón Bolívar, el más prestigioso del gremio. La lectura te ayudará a comprender el problema desde la perspectiva de los colombianos que lo han sufrido y lo costoso que ha sido en vidas humanas. El artículo destaca el inmenso valor de quienes se han atrevido y se siguen atreviendo a denunciarlo, aun a riesgo de sus propias vidas.

Por qué Colombia dice #NuncaMásEscobar.

El tiempo, 5 de diciembre de 2018
Por Armando Neira, Editor de cultura del periódico *El tiempo*, de Bogotá.
(Texto reproducido con permiso del autor).

La historia de Pablo Escobar, el «patrón del mal», tiene dos caras. Una de ficción, representada, entre otros actores, por el carismático Andrés Parra, el brasileño Wagner Moura con su exótico acento, o la cinematográfica del español Javier Bardem. En esta historia también hay insólitos restaurantes con su nombre, camisetas con su rostro y libros de todos los géneros. La otra, la real, es dolorosa y sangrienta. Ocurrió aquí, en las calles colombianas, y no fue glamurosa. Al contrario, la sufrieron 34 millones de habitantes, la población del país en la época, que se topaban con el miedo a la vuelta de la esquina. [...]

En los tiempos de Pablo Emilio Escobar Gaviria (Rionegro, Antioquia, 1.° de diciembre de 1949 – Medellín, 2 de diciembre de 1993), un acto tan trivial como salir a la calle implicaba riesgos. La gente se cambiaba de acera ante un vehículo estacionado por temor a que fuera un carro bomba. Explotaron más de un centenar de manera calculada, como sucedió en vísperas del día de la Madre en 1990 y cuyo blanco fueron las desprevenidas familias que iban hacia dos centros comerciales en Bogotá y otro en Cali.

La cotidianidad se vivía con el corazón en la mano. Los inocentes morían de las formas más inverosímiles. Así, entre centenares de inocentes, perdieron la vida 111 personas en un vuelo comercial de la aerolínea Avianca en el trayecto Bogotá-Cali. El HK-1803 explotó tras despegar del aeropuerto El Dorado. Sobre el cerro Canoas, en Soacha, quedaron dispersos el fuselaje, los restos de las víctimas y su equipaje, hecho jirones, entre una maleza de verdes claros.

Cuando se creía que nada podría ser peor que ese acto de terror de la fría mañana del lunes 27 de noviembre de 1989, una semana después, Escobar y su socio del crimen, José Gonzalo Rodríguez Gacha, alias el Mexicano, volaron el edificio del DAS en Paloquemao, centro de la capital, con un bus bomba de 500 kilos de dinamita. ¿Cómo olvidar lo visto allí a las 7:30 de la mañana? Al menos 66 personas muertas, destrozadas, en el asfalto; un profundo cráter con un radio de 80 metros, los vidrios caían uno a uno de los edificios; una estela de polvo se levantaba de lo que habían sido 300 locales comerciales. En las calles, los conductores aceleraban para huir y cientos de heridos clamaban ayuda, algunos amputados, tratando de tapar con sus manos los chorros de sangre de sus propios cuerpos.

La obsesión del capo era generar pánico. En una ocasión, antes de la celebración del Día del Amor y la Amistad, corrió el rumor de que el agua de las ciudades había sido envenenada.

Pero ¿en qué momento este hombre inició tal barbarie contra toda la sociedad? La declaración oficial de guerra fue el 30 de abril de 1984 en la calle 127, norte de Bogotá, cuando dos jóvenes sicarios –uno de ellos Byron Velásquez Arenas, acababa de cumplir 18 años– asesinaron desde una motocicleta al ministro de Justicia Rodrigo Lara Bonilla, quien estaba próximo a llegar a casa en su vehículo oficial. La muerte del valiente y muy joven funcionario –tenía 37 años– llevó al gobierno de Belisario Betancur a reactivar la extradición, que era entonces el arma de la ley más temida por los barones de la mafia. Para su violento contraataque crearon un grupo, encabezado por Escobar, al que bautizaron «los Extraditables». Su consigna: «Preferimos una tumba en Colombia que la cárcel en Estados Unidos». [...]

No nos callarán

Para el que fue por casi una década el criminal más temido del mundo no había término medio. En la otra orilla, sin embargo, también hubo un sinnúmero de ciudadanos valientes que lo enfrentaron sin otra arma que la legalidad, como el director de El Espectador Guillermo Cano Isaza. Periodista sagaz y de memoria prodigiosa, fue uno de los primeros en desenmascarar los cantos de sirena de Escobar.

Cuando el capo empezó a hacer sus estrafalarias apariciones en tarimas políticas, junto a líderes del Partido Liberal, y a recibir un trato preferencial por figuras de la farándula como la presentadora Virginia Vallejo, Cano pensaba dónde lo había visto. Recordó que fue en una fotografía de su rostro en la noticia de una captura, años atrás, en la frontera con Ecuador, cuando era un delincuente de poca monta. Buscó la imagen, la volvió a publicar y desde entonces se dedicó a denunciarlo sin concesiones y con una vehemencia que solo fue refrenada cuando lo mataron, de ocho disparos en el pecho, frente a las instalaciones del diario. Era la noche del 17 de diciembre de 1986.

Al día siguiente se produjo una protesta inédita en el planeta. Los periodistas de Colombia se silenciaron, marcharon unidos con la consigna de no ceder y, a pesar de sus diferencias ideológicas y empresariales, integraron sus unidades de investigación en un equipo, llamado El Frente Unido, para denunciar a Escobar y los demás barones de la droga. «No nos callarán» fue el mensaje. Escobar fue el ejemplo viviente de que era posible acumular fortuna de la noche a la mañana, sin importar los medios.

La reacción de Escobar fue, otra vez, brutal. Empezó a matar periodistas, uno a uno; y luego secuestró a un grupo más de notables, entre ellos a Francisco Santos, jefe de redacción de EL TIEMPO, y a Diana Turbay, directora del noticiero de televisión Criptón, editora de la revista Hoy por hoy. La hija del expresidente Julio César fue asesinada en el intento de rescate.

A Escobar también lo enfrentaron anónimos y valientes investigadores de la Rama Judicial y centenares de policías, a pesar de que él había optado por una cacería contra ellos al ofrecer una recompensa por cada agente muerto. Fue un verdadero genocidio. Solo en el mes de enero de 1990, en las calles de Medellín fueron asesinados 400 policías. Sí. 400. «No es un error de digitación. Eso fue lo que ocurrió», confirmaría a un periodista el expresidente César Gaviria Trujillo acerca de lo que tuvo que enfrentar durante su gobierno.

«Ha sido tal vez el capítulo más tenebroso de nuestra reciente historia. Una mente brutalmente criminal, apoyada en una fortuna sin límites, en una inteligencia diabólica y una total falta de escrúpulos, desafió durante una década a todas las fuerzas combinadas del Estado, la DEA, la CIA, el cartel de Cali, ‹los Pepes›, los servicios de inteligencia ingleses e israelíes... Es algo de no creer. Por eso, aunque me parezca repulsivo, entiendo por qué la figura de Pablo Escobar ha sido tema de tantos libros, películas y series televisadas nacionales y extranjeras», escribió el periodista Enrique Santos Calderón en su libro de memorias *El país que me tocó*. [...]

Puedes continuar la lectura completa del artículo en:

- https://www.eltiempo.com/colombia/medellin/colombia-debe-dejar-atras-la-herencia-de-pablo-escobar-el-patron-del-mal-299822

Comprensión del texto

2. a) Pensaba que era un capo millonario, pero era mucho más que eso, un destructor del tejido social. El daño que causó en Colombia fue enorme.
   b) Una maldición. Roba vidas en el país y fuera de él, no solo por la droga sino por los miles de presos que hay en las cárceles.
   c) El dinero fácil corrompió la sociedad y destruyó el sistema de valores, especialmente el del trabajo.
   d) Es de ambos, pero especialmente de los consumidores porque son ellos, con su demanda, quienes mantienen el mercado vivo.
3. Significa que los políticos que no servían al interés del narcotráfico fueron asesinados. Hombres valientes que defendían la justicia y buscaban el castigo para quienes, con su negocio ilícito, han destruido y siguen destruyendo vidas valiosas.
4. a) Falso. Respuesta correcta: Más de veinticinco mil personas asistieron al funeral de Pablo Escobar.
   b) Verdadero.
   c) Falso. Respuesta correcta: El número de consumidores de droga en Estados Unidos supera en mucho el de productores en Colombia.
   d) Verdadero.

La búsqueda de la paz – La última década del siglo y sus guerras

Comprensión del texto

1. Los sucesivos gobiernos colombianos intentaron negociar la paz con la guerrilla, pero no tenían un plan completo y los esfuerzos eran desordenados y dispersos. Además, a los presidentes les faltaba credibilidad y todo el aparato gubernamental resultó debilitado. Finalmente Álvaro Uribe propuso una línea de actuación más dura; en vez de negociar, se propuso exterminar a los guerrilleros. Eso le llevó a ganar las elecciones en un país que estaba harto de intentos fallidos.
2. La asociación entre guerrillas y traficantes de drogas.
3. Los paramilitares, grupos ilegales de derecha que combaten a los grupos ilegales de izquierda.
4. Porque el estado estaba debilitado y el ejército necesitaba que otros hicieran el trabajo sucio.
5. A un territorio de 42000 kilómetros cuadrados en el Caguán que las guerrillas exigieron despejar para adelantar diálogos con el gobierno de Andrés Pastrana.
6. Todos cinco: Belisario Betancur, Virgilio Barco, César Gaviria, Ernesto Samper y Andrés Pastrana.
7. Falta de consistencia, irrespeto a lo acordado y falta de credibilidad por parte de un gobierno débil y de una guerrilla que no cesaba los ataques ni cumplía lo pactado.

Interpretación

1. Gaviria: Apertura económica; Samper: Narcopolítica; Pastrana: Zona de despeje
2. Analiza las distintas repercusiones del fracaso de la búsqueda de la paz.

Lengua

1. La zona de despeje incluía casas de campesinos, que debieron abandonar sus hogares.
2. El M-19 entró al palacio de justicia y, con armas de fuego, tomó a los trabajadores como rehenes.

3. Los presidentes Ernesto Samper y Andrés Pastrana fueron incapaces de llevar a buen término las conversaciones de paz.
4. En vista de que la constitución no contemplaba que los guerrilleros se reinsertaran a la vida civil, se cambió la constitución para abrir la vía legal y política que facilitara la desmovilización.

■ Amplía tus conocimientos

La virgen de los sicarios

La novela de Fernando Vallejo cuenta cómo un hombre mayor regresa a su ciudad para morir y allí, de manera inesperada, conoce a un joven sicario, devoto de la virgen de Sabaneta, conocida popularmente como la virgen de los sicarios. El muchacho lo sumerge en aquel mundo violento y sanguinario, que es el único que él conoce. Pero, ¿cuál es la historia detrás de esa virgen?

La fama de María Auxiliadora y sus milagros ya era conocida entre los habitantes de Sabaneta y la vecina ciudad de Medellín cuando los sicarios la convirtieron en su protectora. Hasta su iglesia iban narcotraficantes, sicarios y otro tipo de criminales. Viajaban desde muy lejos para arrodillarse y persignarse frente a ella, pero no para pedir perdón por sus faltas, sino a suplicar que les diera puntería y realizar bien su trabajo: matar a cambio de dinero. Otros iban hasta allí a pedir que la policía no les confiscara el cargamento ilegal de droga que estaban despachando fuera del país. Uno de ellos era Pablo Escobar. Fue en parte por él que aquella María Auxiliadora se hizo tristemente célebre.

En aquellas décadas era fácil que los jóvenes cayeran en garras de la mafia. Vivían en la pobreza más abyecta de barrios de invasión y veían cómo sus amigos del barrio aparecían de la noche a la mañana con ropa de vestir de lujo, tenis de marca y motos de alto cilindraje. El origen de su fortuna no era otro que ingresar a la mafia en calidad de asesinos a sueldo. Hijos de hogares destrozados, sin estudios ni posibilidad de conseguir un trabajo digno, aquellos muchachos veían en el sicariato un modo instantáneo y fácil de ganar dinero. Pronto se daban cuenta de que, en realidad, cambiaban aquellos lujos efímeros por su vida, pues no tardaban en ser tiroteados por jóvenes de su misma edad.

La virgen de los sicarios fue llevada al cine por el director Barbet Schroeder y obtuvo numerosos galardones: recibió el premio del *Senado de Italia*, fue galardonada en el *Festival de Venecia* de 2000 como la mejor película latinoamericana y fue honrada en el *Festival Internacional del Nuevo Cine Latinoamericano de La Habana* en ese mismo año.

El nuevo milenio y un cambio de dirección en el proceso pacificador – El inicio de la paz tan ansiada – Cómo se construye la paz: el ejemplo de Medellín

■ Comentario

La firma del proceso de paz significa haber puesto fin a más de medio siglo de violencia por parte de las guerrillas y abrir la vía legal a nuevos movimientos políticos para que haya pluripartidismo.

■ Lengua

1. Procuró acercamientos para buscar la paz, pero tras fallos de ambas partes, contratacó militarmente a las guerrillas que a su vez empeoraron la situación asociándose a bandas paramilitares y de narcos.
2. Medellín le ha ganado terreno a la violencia gracias a la actuación conjunta y decidida de la sociedad civil y el gobierno.
3. *La Comisión para el esclarecimiento de la verdad* elaborará un informe para evitar que se repitan los hechos de violencia.

■ Comprensión del texto

Los jóvenes en Medellín durante la década del ochenta no tenían acceso a la educación ni oportunidades laborales. El narcotráfico y el sicariato se convirtieron en los únicos modos de vida que les permitían obtener ingresos. Aunque sabían que sus vidas serían cortas, deseaban vivirlas con todo tipo de lujos a su alcance.

■ Análisis

Medellín fue el núcleo del narcotráfico y la ciudad que más sufrió por el sicariato. Gracias al enorme esfuerzo de los ciudadanos, hoy en día es una ciudad modelo por su organización, su cordialidad, su espíritu empresarial y, sobre todo, porque ha dejado su pasado sanguinario atrás.

6. Patrimonio de la *UNESCO* en Colombia y el *Sistema de Parques Naturales Nacionales* de Colombia

Parque Nacional de Chiribiquete: La maloca del jaguar – Puerto, fortalezas y conjunto monumental de Cartagena – Centro histórico de Santa Cruz de Mompox – Parque Arqueológico de San Agustín – Santuario de flora y fauna de Malpelo – Parque Arqueológico Nacional de Tierradentro

■ Comprensión del texto

1. Con las de Lascaux en Francia o las de Altamira en España.
2. El barrio de San Pedro, el de San Diego y la barriada popular de Getsemaní.

■ Lengua

1. Su vasto parque marino <u>es</u> la zona de pesca prohibida más extensa de toda la región tropical del Pacífico Oriental.
2. A pesar de ser un área muy pequeña del territorio nacional, <u>contiene</u> cerca del 30% de las aves registradas en el país.
3. Las representaciones de deidades y bestias mitológicas están <u>ejecutadas</u> con gran maestría.
4. Mompox <u>desempeñó</u> un importante papel en el establecimiento del dominio español en la parte norte de Suramérica.
5. La industria cafetera <u>fue</u> la principal actividad económica del país durante gran parte del siglo pasado.

7. El arte y el futuro

■ Escribir

1. Significa que al morir un anciano, se pierden conocimientos acumulados durante generaciones.
2. Los cachacos del altiplano se caracterizan por sus modales, los paisas de Antioquia son famosos por su carácter emprendedor, los llaneros por su apego y amor a la tierra, los costeños son alegres, y los santandereanos son gente estricta y disciplinada.

■ Comprensión del texto

1. Porque en el país viven muchas especies únicas de fauna y flora.
2. Corrupción, narcotráfico, las guerrillas remanentes y disidentes, el crimen organizado y la deuda externa.
3. Es la diversidad de etnias o razas que conviven en una misma zona.

Las esculturas internacionales de Fernando Botero – La música colombiana en el mundo

■ Lengua

La canción hace alusión a cómo se sienten los enamorados, que ni oyen, ni ven ni son capaces de hablar cuando ven a la persona que aman.

■ Comprensión del texto

1. Porque ha donado muy numerosas obras personales y de su colección a un museo para los colombianos.
2. A la educación infantil.

■ Amplía tus conocimientos

Fernando Botero, *La camera degli sposi*

(Fotografía: Dantelectrico. Wikimedia Commons)

Fotografía de juventud (1958) del escultor y pintor Fernando Botero Angulo (Medellín, 1932), frente a su obra *La camera degli sposi* (homenaje a Mantegna), en español, *La cámara de los esposos.* Libérrimo juego artístico –similar al de las *Meninas* picassianas– con la célebre obra del florentino Andrea Mantegna del mismo título y datada hacia 1470. Esta era, a su vez, un homenaje del pintor quattrocentista a la antigüedad clásica, de la que estaba impregnada su obra, cerrando así un juego pictórico de espejos o de referencias de casi dos milenios de antigüedad.

Esta pintura, con toda su personal marca estilística –sus gordas– le valió a Botero el primer premio del *X Salón de artistas colombianos* y ya fue considerada tempranamente como una obra maestra. Queda clara su voluntad de entroncarse con la historia de la pintura. La obra revela un creador culto, versátil y polifacético, hoy en día unos de los grandes representantes de la escultura y la pintura contemporáneas.

Literatura – Gabriel García Márquez, entre el fusil y el diccionario

■ Comprensión del texto

1. Su abuelo era militar y le contó sobre episodios que él había vivido, como la Guerra de los mil días.
2. *Cien años de soledad.*
3. La pensión en la que vivía en Bogotá fue destruida. Abandonó la carrera de Derecho y se fue de la ciudad.

■ Lengua

Ambos tienen su origen en la narrativa popular.

Cronología

18000-11000 a. C.
Fechas aproximadas del primer poblamiento de América, en dirección norte sur del continente. Algunas dataciones sugieren fechas algo anteriores.

6375 a. C., circa.
Datación aproximada de los restos arqueológicos del Hombre de Tequendama.

3000-2000 a. C.
Primeros restos documentados de viviendas colectivas, fundamentalmente en la costa atlántica, hoy conocidas como malocas.

2000-1500 d. C.
Etnias precolombinas asentadas en el territorio de la actual Colombia: Cultura chibcha (taironas y muiscas), caribe y arawak.

1492
Descubrimiento de América por Cristóbal Colón.

1499
Inicio de la colonización española. Alonso de Ojeda tocó tierra por primera vez en el litoral colombiano, en el Cabo de la Vela. Le acompañaban el cartógrafo Juan de la Cosa y el florentino Américo Vespucio, de cuyo nombre tomaría el suyo el continente recién descubierto.

1501
Alonso de Ojeda establece la gobernación de Coquibacoa en la Península Guajira, la primera en tierra continental, pero fue destruida al poco tiempo.

1500-1810
El llamado Periodo Colonial.

1510
Fundación del primer fuerte en la gobernación de Urabá en la desembocadura de los ríos Cañaflecal y Necoclí, bautizada como San Sebastián de Urabá.

1510
Diciembre. El Bachiller Martín Fernández de Enciso funda la primera ciudad en tierra firme con el nombre de Santa María la Antigua del Darién, primera base para la colonización de la América continental.

1513
25 de septiembre. Vasco Núñez de Balboa, tras atravesar el istmo de Panamá, descubre el Océano Pacífico, tomando simbólicamente posesión del mismo en nombre de la Corona de Castilla y bautizándolo como Mar del Sur.

1525
29 de julio. Rodrigo de Bastidas funda la ciudad de Santa Marta, en la costa atlántica.

1538
6 de agosto. Gonzalo Jiménez de Quesada funda la capital colombiana con el nombre de Santa Fe.

1542
20 de noviembre. El rey Carlos I de España promulga el 20 de noviembre de 1542 las Leyes nuevas. Prohiben la esclavitud de los indios.

1610
Establecimiento del Tribunal de la Inquisición en el Virreinato de Nueva Granada, con sede en Cartagena de Indias.

1622
Fundación de la Pontificia Universidad de San Francisco Javier, Bogotá, de la Compañía de Jesús, con pase regio, el 2 de febrero de 1622.

1671
Enero. Toma y saqueo de Panamá por el pirata inglés Henry Morgan.

1680
La Recopilación de leyes de Indias prohibe nuevamente la servidumbre indiana, la venta de nativos, y reconoce su estatus como personas superiores a los esclavos. Sin embargo, en el período colonial se da el fenómeno de que «se acata pero no se cumple».

1741
Sitio de Cartagena de Indias, victoria de Blas de Lezo sobre la flota británica.

1781
Rebelión de los Comuneros en Nueva Granada contra el dominio español.

1783
24 de julio. Nacimiento de Simón Bolívar, «El Libertador», en Caracas, Venezuela.

1783-1808, 1812-1816
Expedición botánica del Nuevo Reino de Granada. Dirigida por Celestino Mutis, un importante hito del periodo de la Ilustración en América. Adicionalmente a sus destacados resultados científicos, los discípulos de Mutis se convierten en decididos sostenedores de la causa de la independencia de Colombia.

1793

Traducción y edición por Antonio Nariño de la *Declaración de los derechos del hombre y del ciudadano*.

1799-1804

Viaje científico y exploratorio de los naturalistas Alexander Von Humboldt y Amadeo Bonpland por territorio colombiano y otros lugares suramericanos.

1803

Creación del Observatorio Astronómico Nacional, en Bogotá, por iniciativa del naturalista José Celestino Mutis.

1808

Memorial de agravios de Camilo Torres, discípulo de Mutis, posteriormente Primer Presidente de la República de Colombia y mártir de la lucha por la Independencia de la nación.

1808

Napoleón depone al rey de España, Fernando VII, toma como rehén a toda la familia real e intenta instalar a uno de sus hermanos en el trono español bajo el nombre de José I.

1810

20 de julio. Inicio de las luchas de liberación colombianas contra el dominio español.

1810-1816

Periodo de revoluciones y levantamientos conocido como La Patria boba.

1811

Formación de un gobierno general bajo el nombre de Provincias Unidas de la Nueva Granada, comparable al de la revolución angloamericana.

1811

Abolición de la inquisición. Reinstaurada por Pablo Morillo tras la derrota de los sublevados, y abolida definitivamente en 1821, tras la liberación de Cartagena de Indias por el ejército patriota.

1814

Restauración absolutista en España, con el regreso al trono de Fernando VII. El rey retoma el dominio absoluto y ordena recuperar las colonias de América. Para esa tarea nombra a Pablo Morillo, apodado con ironía «el pacificador». Su campaña militar es tan brutal que pasa a la historia colombiana con el nombre de Régimen del terror.

1815

Sitio y rendición de Cartagena de Indias a las tropas españolas de Morillo. Dura 105 días y la mortandad es terrible.

1815

En las Antillas, Simón Bolívar redacta la Carta de Jamaica, documento histórico y sociológico de trascendencia continental. Desde allí, reconstruye las bases de la lucha libertadora.

1815-1816

Régimen del Terror bajo la gobernanza de Pablo Morillo. Ejecuciones sumarias de Camilo Torres, Francisco José de Caldas y de toda una pléyade de mártires de la independencia.

1817

Simón Bolívar desembarca en el oriente venezolano y ocupa el puerto estratégico de Angostura.

1819-1839

La Gran Colombia. El 15 de febrero de 1819 el Congreso de Angostura proclama la unión de todo el territorio que anteriormente conformaba el virreinato de la Nueva Granada.

1819

25 de julio. Batalla del Pantano de Vargas, con la victoria de las tropas patriotas sobre las tropas realistas en su campaña libertadora.

1819

7 de agosto. Batalla de Boyacá. Culmina 78 días de campaña iniciada desde Venezuela por Simón Bolívar para independizar el Virreinato de Nueva Granada.

1821

2 de octubre. Congreso Constituyente de Cúcuta, con Simón Bolívar como presidente y Francisco de Paula Santander como vicepresidente. Abolición de la esclavitud.

1822

Unión de Ecuador y Perú a la Gran Colombia.

1826

Primer Congreso Interamericano, en Panamá.

1828

La dictadura bolivariana (1828-1830). En junio de 1828 la asamblea de notables concede a Bolívar poderes dictatoriales para «salvar la república».

1828

25 de septiembre de 1828. Atentado frustrado contra Simón Bolívar.

1830

Venezuela deja de formar parte de la Gran Colombia.

1830

17 de diciembre. Muerte de Simón Bolívar en las proximidades de Santa Marta.

1853

Constitución de la República de Nueva Granada. En ella se sanciona el sufragio universal masculino, la tolerancia religiosa absoluta en la Nueva Granada –incluyendo la libertad de cultos–, se abuele la censura religiosa y queda garantizada por la ley la libertad de la palabra escrita.

1899-1902
Guerra de los mil días. Conflicto civil de tres años de duración que causa unas 100000 muertes en combate.

1903
3 de noviembre. Independencia de Panamá, promovida por los Estados Unidos de América al objeto de construir en su territorio el Canal Interoceánico. Colombia pierde con esta secesión 75000 kilómetros cuadrados.

1928
6 de diciembre. Masacre de los huelguistas bananeros por parte del ejército. Se estima que cuando los uniformados abrieron fuego contra los huelguistas causaron entre 1000 y 3000 muertos.

1932
Guerra contra Perú. Colombia recupera con ella la franja amazónica.

1941
Colombia se pone oficialmente de parte de los EE.UU. tras el ataque japonés a Pearl Harbor y rompe relaciones con los países del Eje en la Segunda Guerra Mundial.

1948
9 de abril. El Bogotazo, sangrienta revuelta y desórdenes a raíz del asesinato del líder liberal Jorge Eliécer Gaitán. En la capital colombiana pierden la vida entre 500 y 2500 personas. La violencia y destrucción se extiende a muchas otras zonas de Colombia.

1953-1957
Dictadura militar de Gustavo Rojas Pinilla.
Años 60
Nacimiento de diversas guerrillas armadas contra el gobierno de la nación, tales como las Fuerzas Armadas Revolucionarias de Colombia (FARC), el Ejército de Liberación Nacional (ELN), el Ejército Popular de Liberación (EPL) y el M-19.

1976-1993
Cartel de Medellín. Organización criminal colombiana, dirigida por Pablo Escobar, muerto por el ejército en 1993, dedicada al tráfico de cocaína y protagonista de un conflicto armado en las décadas de 1980 y 1990.

1982-1986
Presidencia de Belisario Betancur. Intentos de establecimiento de diálogo con las FARC.

1982
El escritor y periodista Gabriel García Márquez es galardonado con el Premio Nobel de Literatura.

1985
Noviembre. Toma del Palacio de Justicia de Bogotá por el movimiento guerrillero M-19, que causa más de 100 víctimas mortales tras la intervención del ejército. Produce una grave desestabilización.

1986-1990
Presidencia de Virgilio Barco. Proposición de una Asamblea Nacional Constituyente.

1990-1994
Presidencia de César Gaviria. Bajo su mandato dieron comienzo las conversaciones para iniciar la desmovilización de diferentes guerrillas armadas. Incluyó mediadores internacionales.

1994-1998
Mandato presidencial de Ernesto Samper, marcado por el escándalo de infiltración de dinero de la mafia en la campaña contra el narcotráfico y derrotas militares contra las FARC.

1998-2002
Presidencia de Andrés Pastrana, marcada igualmente por intentos fracasados de negociación y el fortalecimiento de la guerrilla.

2002-2010
Dos mandatos presidenciales consecutivos de Álvaro Uribe Vélez, que reduce efectivamente el poder de las guerrillas, pero sin lograr su desmantelamiento ni un cese el fuego efectivo.

2010-2018
Mandatos sucesivos de Juan Manuel Santos, con el logro final del proceso de pacificación y desmantelamiento de las FARC y negociaciones con el ELN.

2012
Delegados del Gobierno y de las FARC firman en La Habana el Acuerdo general para la terminación del conflicto y la construcción de una paz estable y duradera, con el apoyo de Cuba y Noruega como garantes.

2016
26 de septiembre. Firma definitiva de los acuerdos de paz, en Cartagena, entre el gobierno colombiano y las FARC.

2016
El Presidente Juan Manuel Santos recibe el Premio Nobel de la Paz.

2018
Noviembre. Institución de la Comisión para el esclarecimiento de la verdad, la convivencia y la no repetición. Se dispondrá de tres años para escuchar a las víctimas, a los victimarios, a los testigos de la guerra y a los sectores involucrados.